AF317591

Mᵉ Jacques **BONZON**

La Galerie Politique et Financière

□ ◧ ◨ □

VI

LES EMPRUNTS RUSSES ET LE CRÉDIT LYONNAIS

Impéritie ou Duplicité

PARIS

—

1925

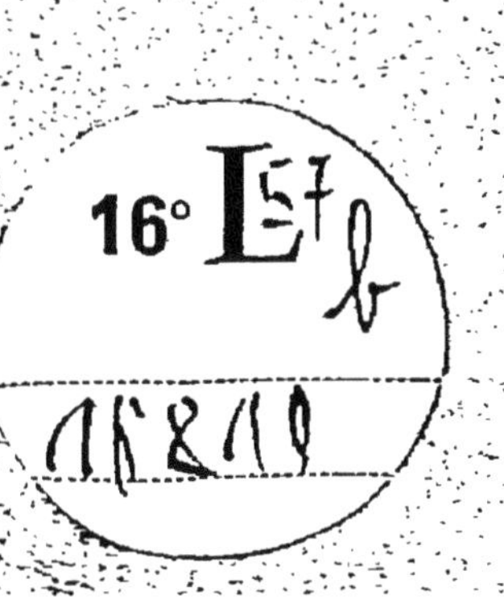

L'ACTIVITE FRANÇAISE ET ETRANGERE

Revue

Economique, Financière, Politique

Directeur Me Jacques Bonzon, 12, rue de Condé, Paris. Tél. : Fleurus 09-86. Abonnement : Un an, 20 fr. Le numéro : 1 franc. (La revue en est à son 121e numéro.)

LA POLITIQUE FINANCIERE

Directeur Me Jacques Bonzon, 12, rue de Condé, Paris. Tél. : Fleurus 09.86. Abonnement : Un an, 5 fr. (Le journal en est à son 21e numéro.)

O très juste, subtile et puissante haine !

Cette brochure est tout à la fois le résumé et l'amplification de la conférence que, sous le même titre, j'ai prononcée le 26 avril 1924. Pendant plusieurs mois, j'ai attendu pour la reproduire qu'en ce domaine les événements se fussent précisés. De grandes décisions me semblaient proches — politiques et diplomatiques, françaises et internationales — qui résoudraient enfin le malaise si profond créé par la Débâcle des Emprunts Russes. Rien d'important n'est survenu. Le gouvernement soviétique a été reconnu d'abord par l'Angleterre, ensuite par la France, mais aucun allègement n'en est résulté pour la détresse des porteurs français. Le Congrès qu'un certain nombre d'entre eux ont tenu à Paris (Salle des Sociétés Savantes), après cette reconnaissance *de jure*, n'a été qu'une parade, probablement agencée par les Etablissements de Crédit qui, pendant vingt ans, ont épuisé l'Epargne française au bénéfice bien plus de leur propre caisse que du Trésor russe.

Je vois donc un intérêt persistant à sonder les agissements du principal responsable de l'aventure qui laisse l'Epargne française affaiblie. C'est le Crédit Lyonnais. Je ne puis d'ailleurs lui consacrer un volume. Le Français n'a qu'un médiocre intérêt pour les études patientes et longues. Mais quelques documents gardent une valeur si forte que je les veux extraire des publications jaunies où ils dorment. Par des pièces que ne saurait controuver le Crédit Lyonnais — cet amalgame de bien-pensants — puisque ces pièces sont officielles, et que telle d'entre elles émane de lui, j'entends achever ma trilogie en documentant de façon irréfutable sa responsabilité dans l'aventure franco-russe.

Le Cadre Initial

Le 26 avril 1924, j'avais envisagé une série de thèmes. Aujourd'hui, j'en écarte plusieurs par la nécessité d'être bref. Mais je ne désavoue nul de ces thèmes. Et je reproduis le corps de mon invitation telle qu'elle fut envoyée par milliers.

Les Emprunts Russes et le Crédit Lyonnais

> Tu prêteras à beaucoup de nations, et tu n'emprunteras point ; tu domineras sur beaucoup de nations, et elles ne domineront point sur toi.
>
> Deutéronome, ch. XV, v. 6.

Le Type de la Finance moderne : l'Etablissement de Crédit. Le Traitant achève son ascension et désormais domine le Monde. La formule créatrice de Law : grouper et canaliser l'Epargne. Les lois du 23 mai 1863 et du 24 juillet 1867. L'affranchissement définitif de la Société Anonyme.

La fondation du Crédit Lyonnais. *Un Grand Capitaine d'Argent : Henri Germain. Quarante-deux ans de présidence. Une tentative de cumul parlementaire.*

Les lieutenants du Grand Capitaine. Des subalternes. Des héritiers. Un Conseil d'Administration qui n'est plus qu'un Conseil de Famille.

Le plan du Grand Capitaine : capter l'épargne de la France pour le développement de l'Etranger. Les entreprises françaises rapporteraient trois pour cent, les entreprises étrangères rapportent dix pour cent.

Une preuve suprême : les Affaires Russes.

Le Crédit Lyonnais, *acolyte ici puis continuateur des Rothschild. La faveur tsariste. L'oukase autorisant le Crédit Lyonnais, seul des Banques françaises, à ouvrir des agences en Russie.*

Un tableau succinct : 128 Emissions de Sociétés russes, captant de 1889 à 1914 plus de 8 milliards de francs. 16 Emprunts d'Etat russes captant, de 1889 à 1912, plus de 10 milliards de francs. De ces 18 milliards, depuis six années sans intérêt ni dividende, l'Epargne française arrivera-t-elle à sauver le quart ?

Le bénéfice avoué du Crédit Lyonnais, le bénéfice occulte. Le Syndicat, la Table, la Spéculation.

Les procédés pour séduire l'Opinion en assouplissant la Presse. Le « fermier » Edmond Théry et l'Humanité en 1907 et 1908. Le sursaut de Jaurès en 1909.

Le Crédit Lyonnais s'obstine dans sa politique avide. Herriot le bigle et l'aveugle Baron.

Conclusion des trois conférences : Il ne faut pas supprimer la Finance, mais, pour la force de la France et la paix des peuples, il faut la contrôler.

Précisions plus étroites
mais plus serrées

Si vous relevez avec minutie les tables financières, si vous confrontez les cotes de vingt années, vous arrivez au total que j'ai condensé sur mon invitation.

Le Crédit Lyonnais a lancé dans le public français 128 valeurs de sociétés russes d'un nominal supérieur à 8 milliards de francs, 16 Emprunts tsaristes d'un nominal supérieur à 10 milliards de francs.

L'Etablissement du Boulevard des Italiens, en prenant la main que lui passait la Banque de la Rue Laffitte, a poursuivi joyeusement le baccarat détrousseur de l'Epargne française.

Et le jeu s'est continué sans trêve. Seule la Guerre — née en partie de ce jeu même, puisque les milliards français devaient servir, en principe, à l'armement de la Russie — seule la tempête européenne a pu, en 1914, arrêter les Emissions russes écloses sous l'aile du

Crédit Lyonnais. Quant aux Emprunts tsaristes, ils étaient sortis du même nid jusqu'en 1912. Les œufs en sont-ils tous brisés ? Le Crédit Lyonnais n'en couve-t-il pas de nouveau et qu'il saura teindre en rouge ?

Quelle fut la tactique du Crédit Lyonnais pour capter si fortement, si longuement la confiance de l'Epargne française ?

Voilà ie thème essentiel auquel je veuille aujourd'hui me borner. Je pourrai plus en détail reproduire des documents qui me semblent trop inconnus, ou trop oubliés.

La loi suprême du Financier : le Silence

Il y a très peu à glaner dans les Rapports du Crédit Lyonnais. Nul ne s'en étonnera qui doive pratiquer cette littérature. Un Financier d'assez belle allure intellectuelle a eu le courage de le noter, M. J. Kulp (*L'Education Financière en France*, REVUE DE FRANCE, décembre 1922, p. 633).

« Il suffit de prendre les rapports de nos Conseils d'administration, de les comparer avec les *proceedings* et les discours du président de grandes sociétés chez nos voisins; chez les premiers, ce sont, à quelques heureuses exceptions près, des formules vides et banales, des explications aussi superficielles que possible; chez les seconds, des exposés remplis d'idées générales et de détails intéressants sur la marche de l'affaire qui leur est confiée. Les premiers traitent l'actionnaire en quantité négligeable; les seconds, comme un associé intéressé et intéressant. Pourquoi ? Parce que chez nous, lorsqu'une société est prospère, l'actionnaire ne vient pas aux assemblées et, s'il y vient, il reste muet et se contente de voter les résolutions soumises. La société vient-elle à péricliter, il pose généralement des questions saugrenues, toujours les mêmes, sur l'élévation des frais généraux et les jetons de présence des administrateurs, sans jamais s'enquérir des causes sérieuses et profondes du mal. »

Ce couplet si frappant prouve néanmoins que M. Kulp, même quand il étudie la Finance, *sa* Finance, demeure orfèvre. Il rejette la faute sur ce trouble-fête, l'Actionnaire. Pourtant, toutes les questions qu'il arrive à ce pelé, ce galeux, de poser en Assemblée Générale ne sont pas saugrenues. Vous le verrez plus loin, quand je vous exposerai le débat qui s'ouvrit dans une assemblée générale du Crédit Lyonnais et jeta le Président de cet immense Etablissement à l'impudente falsification des faits internationaux les plus patents.

Cependant, M. Kulp, lui-même grand Administrateur de Sociétés Anonymes, nous apporte un aveu très net, qui se corrobore à lire de près les Rapports du Crédit Lyonnais.

*
* *

Le Poste Russe

La vaste participation que le groupe de Henri Germain avait apportée dès l'origine aux Emprunts Russes paraissait imposer des renseignements nombreux et précis dans chaque inventaire. Bien plus que les autres Etablissements de Finance qui s'associaient ici à la fortune du Crédit Lyonnais — et associaient leur clientèle à l'infortune de la sienne — l'énorme bâtisse du Boulevard des Italiens avait une raison particulière à mieux décrire l'état financier de la Russie. Henri Germain était le seul dont l'Etablissement français eût reçu — par oukase spécial — le droit .d'avoir des agences dans l'empire des Tsars.

Ouvrez un recueil de finance, ainsi l'Annuaire des Banquiers pour 1914, et vous verrez que seul le Crédit Lyonnais avait la représentation française en Russie d'Europe, avec ses trois agences d'Odessa, Moscou et , Saint-Petersbourg.

Cette « faveur » avait d'ailleurs subi une assez bizarre condition, et qui prouvait chez Henri Germain plus de docilité que de fierté. Si vous examinez par le menu les renseignements fournis lors de l'assemblée générale du 26 mars 1906 (Revue *Les Assemblées Générales,* 1906, p. 306) vous découvrez une somme de 2.300.000 francs portée dans le Bilan du Crédit Lyonnais sous la mention : « Cautionnement exigé par le gouvernement russe pour autoriser la création des agences à St-Petersbourg, Moscou, Odessa. »

Mais c'est le seul chiffre que le Conseil de l'Etablissement révélera, quant à ses Agences russes, à ses Actionnaires français. Il serait fastidieux de reproduire, même sur ce point étroit, les vingt-cinq rapports qui vont de 1889 (date où commence vraiment l'aventure des Emprunts Russes en France) jusqu'à 1914 (lorsque la guerre européenne clôtura l'aventure... ou la suspendit). Toujours la même brièveté.

Prenez l'assemblée générale du 24 mars 1889 (*Messager de Paris,* 26-3-89).

« Votre Agence de St-Petersbourg possède en Russie et à l'étranger des relations étendues et elle prête son entremise à de nombreuses opérations de change avec les divers pays de l'Europe. »

Et quand l'aventure battra son plein, que la Russie fera preuve envers la France d'une amitié dévorante, nous ne saurons pas mieux ce que les opérations de banque là-bas, de placement ici, représenteront pour le Crédit Lyonnais. Citons de ci-de là :

Assemblée du 24 mars 1906 (Revue *Ass. Gén.* 1906, p. 306). « Les événements survenus en Russie ont obligé nos agences russes à redoubler de prudence, mais nous avons été assez heureux pour pouvoir dans ces temps troublés ne subir aucune perte. »

Assemblée du 20 mars 1907 (*Ass. Gén.* 1907, p. 253). « Vos agences russes ont fonctionné avec régularité ; leurs engagements sont normaux. »

Assemblée du 20 mars 1909 (*Ass. Gén.* 1909, p. 370). « En Russie, malgré une baisse du taux de l'argent, vos Agences ont pu sensiblement maintenir leurs résultats. »

Nanti de son dividende — pourtant médiocre déjà en regard d'un progressif maniement de milliards, ces aimables dépôts dont le Crédit Lyonnais est si friand — le docile Actionnaire bêlait en cadence. Et le Président de son Conseil pouvait escamoter entièrement du Rapport, *sans y consacrer un seul mot*, cette opération pourtant si grave, l'Emprunt Russe qui, deux mois plus tôt, en janvier 1909, avait encore pompé 1.200 millions de francs sur l'Epargne française.

Silence inquiétant, si l'on remonte à l'origine de l'aventure. Vingt ans auparavant, le Crédit Lyonnais était beaucoup plus bavard. Bien loin de lui peser, les confidences semblaient lui être particulièrement agréables. A cette aube de l'Entente franco-russe, quel orgueil de s'en proclamer l'artisan financier, d'associer à sa fierté patriotique le bêlant Actionnaire qui saute en cadence !

Le Rapport de 1889 (*Messager de Paris*, 26-3-89) est aussi développé sur l'opération russe qui ouvre la série que vingt ans plus tard sera muet le Rapport sur celui qui la ferma... en attendant que le Bolchévisme la rouvre

« Nous avons toujours pensé que les affaires de banque, but principal et objet véritable de votre industrie, pouvaient seules donner à vos bénéfices une base régulière et solide. Aussi considérons-nous comme un résultat important, durable, propre à assurer de plus en plus l'avenir de votre entreprise, les progrès réalisés d'année en année dans cette voie.

Les soins que nous avons consacrés à cette partie de votre exploitation ne nous ont pas détournés de ceux que réclamaient parallèlement les opérations financières qui se sont présentées pendant l'exercice dernier et auxquelles nous pouvions participer.

Parmi celles-ci, la plus importante a été l'emprunt de 500 millions de francs émis en France par le Gouvernement Impérial de Russie.

Vous connaissez le grand succès que cette émission a obtenu sur le marché français. Le Crédit Lyonnais a été heureux d'y contribuer par un large concours de sa clientèle. Sur un emprunt qui comprenait 1 million d'obligations, il a été souscrit, aux seuls guichets de votre Société, 612.000 titres, soit plus de la moitié de la quantité totale offerte au public. Le nombre des personnes ayant souscrit ces 612.000 titres est de 46.000, chiffre qui correspond à une moyenne de 13 titres par souscripteur. C'était la première fois que le gouvernement russe s'adressait à l'épargne française, par l'entremise du groupe des établissements de crédit, au moyen d'une souscription publique ouverte sur tous les points du territoire. Jusqu'alors, les fonds russes avaient été le plus souvent introduits sur le marché français par les négociations à la Bourse ; aussi étaient-ils principalement demeurés dans les portefeuilles des hommes d'affaires et des grands capitalistes. Ce nouveau mode adopté pour leur émission, en appelant à eux un public beaucoup plus nombreux, les a fait entrer dans des couches de la population où ils n'avaient pas pénétré jusqu'à présent. Il en est résulté un excellent classement dont les effets se sont déjà manifestés par la hausse du dernier emprunt et par l'élévation simultanée du cours de toutes les valeurs russes. »

Ainsi le Crédit Lyonnais, dès le placement du papier tsariste en France, engageait une initiative de premier plan. Quand les Rothschild passeraient la main, on conçoit que le Boulevard des Italiens prît en son intégralité la suite de la Rue Laffitte.

Seulement, la faute, la responsabilité du Crédit Lyonnais ne sauraient découler de cette seule initiative. La morale du succès peut suffire au Financier. Elle ne le saurait à l'Historien. En 1889, le Crédit Lyonnais voyait l'accord franco-russe et sa forme financière non pas en opposition mais en harmonie avec toute la France — ou presque. Les âmes assez fermes, les esprits assez clairvoyants pour résister à ce délire — rappelez-vous la réception de l'Amiral Avellane — furent rares. L'impartialité commande ces souvenirs. Prenez par exemple

cet article du *Messager de Paris* qui résume exacte
ment l'opinion courante à cette époque, 26 mars 1890.
C'est une traduction du grand journal russe *Le Nouveau Temps* (*Novoïe Vremia*) que le quotidien français
de finance fait sienne :

Finances russes

« La facilité avec laquelle les Français ont absorbé
dans l'espace d'une année et demie quatre gros emprunts,
comme nous l'avons plus d'une fois indiqué, a une si-
gnification politique énorme. Nous avons dit déjà que si
le proverbe « les vrais amis sont ceux qui nous don-
nent de l'argent » est juste, nous devons reconnaître que
c'est par des actes et non par des paroles que les Français ont manifesté dans cette circonstance leur sympa-
thie pour la Russie.

Dans tous les cas, la conclusion est celle-ci : que,
dans un moment donné de difficultés politiques, nous
ne serons plus obligés de demander pour ainsi dire l'au-
mône à Berlin, comme cela a eu lieu en 1877 avec l'emprunt de 5 % qui avait été conclu à des conditions très
onéreuses, indignes d'un grand empire.

Et cependant, les choses se passaient au moment où
florissait notre amitié pour l'Allemagne, tout de suite
après les services que la Russie lui avait rendus dans
la guerre franco-allemande. »

Et le *Messager de Paris* tirait de la même source des
précisions que l'Histoire sincère est obligée de médi-
ter. Montrant le succès tout récent alors de l'Emprunt
Russe pour la conversion d'emprunts autrefois placés en
Hollande et en Angleterre, le *Novoïe Vremia* indiquait

les « proportions colossales » que la France avait données à la souscription de ces 360 millions de francs émis le 20 février 1890. Le nombre des obligations souscrites en France sur cet Emprunt avait été de 5.175.364. Ce qui, trente-cinq ans après, est beaucoup plus significatif, c'est le nombre des souscripteurs.

En France, il avait été de 173.705. Et le journal tsariste fortifiait encore la démonstration de l'enthousiasme français par la comparaison avec la froideur étrangère.

« Voilà comment les papiers russes sont devenus populaires parmi les capitalistes français. La souscription à Londres a été complètement nulle et les Anglais ont pu être complètement satisfaits avec 772 obligations. »

Enfin, St-Petersbourg avait souscrit seulement 30.000 obligations, la Hollande 160.000.

Ainsi, la ruée française impliquait bien la volonté de la Nation. Et le Crédit Lyonnais peut s'en prévaloir.

En 1890, soit. Mais plus tard ?

Il ne suffit pas de justifier le rôle initial. Il faut justifier le rôle persistant.

Comment le Crédit Lyonnais présenta-t-il pendant ving ans la vérité aux Français, renseigna-t-il l'épargne de la Nation Française sur le crédit de la Monarchie Russe ?

Cette recherche sera le seul objectif de la présente brochure. Mais c'est le nœud de la responsabilité qui me paraît imputable au Crédit Lyonnais.

La Documentation des Banques
Le Service des Études Financières

Le simple lecteur des journaux — même des revues — pouvait se tromper sur la situation réelle des Finances russes, et les garanties qu'elles offraient aux prêteurs français. Un journaliste avait déjà de plus faibles excuses. Même à qui ne pouvait recourir aux sources étrangères, à la critique allemande ou anglaise, moins asservie parce que la Finance d'Angleterre ou d'Allemagne avait un moindre intérêt à tromper sur ce point son propre public, même au publiciste tenu à l'examen des documents, une méfiance s'imposait devant ces déclarations toujours enthousiastes, cet épanouissement continu de l'Empire emprunteur. Il y a quatre ans, j'ai montré (*Activité fr. et étr.*) combien la publication naguère annuelle de la Maison Hoskier était facile à percer. Accordons néanmoins que les journalistes français, dans leur dédain héréditaire pour les choses de l'Etranger, aient pu s'égarer sur la prospérité factice de la Russie. Mais les Directeurs des grandes Banques, les Administrateurs des Etablissements de Crédit, depuis le Comptoir d'Escompte jusqu'au Crédit Lyonnais?

Ce dernier surtout. Ses trois Agences d'Odessa, de Moscou, de St-Petersbourg ne voyaient rien, ne transmettaient rien ?

Un Etablissement moderne, qui trafique avec le Monde, est obligé de connaître le Monde. S'il l'ignore, c'est Impéritie. S'il le cache à ses clients, c'est Duplicité. S'il le déforme, c'est Déloyauté.

Seulement, le Credit Lyonnais connaît le Monde.

Son Service des Etudes Financières est justement réputé. Un écrivain allemand qui a donné sur la Banque en France l'ouvrage le plus complet, le plus sûr avant la Guerre, et dont la traduction française est excellente, Kauffmann, a montré combien le plus grand — alors — de nos Etablissements de Crédit avait perfectionné son instrument d'enquête internationale.

Le Crédit Lyonnais pourrait-il donc être cru s'il plaidait aujourd'hui son ignorance des réalités tsaristes?

Son Service des Etudes Financières était en mesure de saisir le mensonge *constant* qui égarait sur ce point la Presse française, et par conséquent le Public français. Chez de grands organes, comme le *Temps*, et son chroniqueur financier, déjà M. Georges Manchez, était ce même égarement —· ou complicité ?

Preuve aisée, hélas ! Quelques chiffres, deux documents que chacun peut retrouver sans peine, mais dont l'un vit sur sa réputation — et l'usurpe — tandis que l'autre n'a pas reçu la diffusion qu'il méritait. Confrontons le *Marché Financier* d'Arthur Raffalovich et le Rapport sur l'Alliance Franco-Russe de M. le Député Margaine (session de 1919, n° 6036).

Le Marché Financier ne fut pas, *dans sa partie relative à la Russie*, rédigé par M. Arthur Raffalovich lui-même, mais par son collaborateur attitré, M. Apostol. Une mention l'atteste formellement dans chaque année du temps où je vais remonter.

Arthur Raffalovich est mort, mais son œuvre le suit. Œuvre de corruption double. Il a corrompu la Presse française : l'Affaire Souvarine l'a prouvé de toute évidence. Il a corrompu la Vérité universelle. M. Apostol l'a aidé à cette déplorable tâche.

Je comprends maintenant pourquoi M. Bark, l'ancien Ministre des Finances tsaristes, qui m'avait fait, par M. Apostol, tenir en 1919 le *Manuel du Porteur de Fonds Russes*, cette publication de la chancellerie impériale (édition de 1913, en français) où j'ai puisé les éléments techniques de mon livre *La Débâcle des Placements Russes*, pourquoi les survivants de la gabegie moscovite n'ont plus rien répondu à mes interrogations.

Le Slave n'admet le Français que si le Français se laisse duper par le Slave.

Or, l'écrivain le plus laborieux ne peut en un jour — ni même une année — pénétrer à fond ces arcanes. Il y faut de patients rapprochements, de multiples confrontations.

Une seule va suffire.

Ouvrez le *Marché Financier* de l'année 1909-1910. C'est le moment où le Crédit Lyonnais lance le grand Emprunt Russe de 1.400 millions, agréé hautainement par le Ministre des Finances Françaises, M. Joseph Caillaux. Page 399, M. Apostol dresse le tableau du Budget Russe pour les cinq dernières années dans leur résultat *général*.

(Le signe — exprime l'insuffisance globale, le signe + l'excédent global.)

1904	—	317	millions de roubles
1905	—	215	—
1906	+	211	—
1907	—	53	—
1908	—	6	—

Ainsi le total de ces cinq exercices donne, selon Apostol-Raffalovich, un déficit de 380 millions, 76 millions de roubles en moyenne annuelle. Or, tout déficit n'est pas accablant pour un Etat. Il peut n'être que la contre-partie de grands travaux d'utilité publique, d'où la prospérité générale sortira bientôt grandie. C'était ce qu'on allait répétant aux prêteurs français.

Mais ouvrez le Rapport de M. Margaine, établi sur les données mêmes du Ministère français des Affaires Etrangères, lorsqu'après la chute du Tsarisme le Parlement français, dans un moment si bref d'indépendance envers la Finance émettrice, voulut qu'on dressât enfin le bilan de l'Aventure emprunteuse. Et les chiffres sitôt poussent *l'insuffisance* au triple :

Tableau VIII, p. 136 du Rapport :

```
1904 — 384 millions de roubles
1905 — 386      —
1906 — 143      —
1907 —  97      —
1908 —  38      —
```

Total : non plus 380 millions de roubles en insuffisance budgétaire, mais 1.048. Le bond est formidable.

Et la falsification des états budgétaires ne s'arrête pas dans le *Marché Financier*.

Page 410, on nous annonce pour 1909 « un excédent des recettes globales sur les dépenses globales de 68 millions 100.000 roubles, qui sera en réalité plus important après adjonction des reliquats d'exercices clos ». La réalité, M. le Député Margaine nous la dévoile. L'année 1909 laissa pour le Budget Russe une « insuffisance » de 81.533.445 roubles.

Les chiffres sont toujours lourds au lecteur — comme à l'auditeur — Il me faudrait de longues pages pour reproduire ici les comparaisons du Rapport parlementaire avec l'Annuaire financier auquel on attribuait naguère une valeur plus qu'officieuse. N'oubliez pas que M. Arthur Raffalovich était membre de l'Ambassade Russe, qu'il en était l'Attaché Financier, que la France gouvernementale l'avait nommé Grand Officier de la Légion d'Honneur, la Science officielle Correspondant de l'Institut de France. Quand M. Apostol rédigeait, quand M. Raffalovich éditait de semblables chiffres, c'était la Russie qui parlait à la France.

Or, et depuis vingt années, la Russie parlait mensongèrement, et la France, son Ministère des Affaires Etrangères, son Ministère des Finances, laissait accréditer le mensonge.

Reprenez le *Marché Financier* en 1899-1900, page 413. Voyez le tableau des Budgets Russes de 1889 à 1899 et cette conclusion :

« Il ressort de ce relevé que pendant la dernière période décennale l'exécution des budgets ordinaires a donné au Trésor un excédent de 90 165.132 roubles et que l'exécution des budgets ordinaires et extraordinaires réunis s'est traduite par un déficit global de 27.956.249 roubles. »

Pour dix années de grands travaux (du moins les avait-on promis à la France, et d'abord les chemins de fer stratégiques contre l'Allemagne), qu'était en somme ce déficit : 28 millions de roubles, à peine 75 millions de francs ! Les milliards prêtés par la France avaient une solide garantie.

Autruche facile à duper que l'Epargne française !
Quand elle sortit enfin sa tête de l'aile financière, voici
ce que M. Margaine lui montra selon les documents
mêmes du Ministère français, selon des pièces que ne
peuvent blasphémer ces grands patriotes du Crédit
Lyonnais.

Le Rapport Margaine n'ouvre le Tableau des Budgets
Russes qu'en 1893.

Nous sommes donc tenus à une élimination dans le
Tableau du *Marché Financier*. Mais six années seront
encore un enseignement.

Marché Financier

1893	+	167	millions de roubles
1894	+	88	—
1895	—	73	—
1896	—	11	—
1897	—	22	—
1898	—	82	—

Au total, quatre années mauvaises représentant 188
millions de roubles en insuffisance contre deux années
bonnes représentant 255 millions en excédent. Durant
cette période — celle où s'affermit l'Alliance Franco-
Russe — la vache russe s'est engraissée. La Russie pouvait prendre du poil de la bête... française.

Maintenant rouvrez le Rapport Margaine :

1893	+	168	millions de roubles
1894	+	86	—
1895	—	87	—
1896	—	72	—
1897	—	36	—
1898	—	99	

Au total, quatre années mauvaises contre deux bonnes. Le *Marché Financier*, objectez-vous, le disait déjà. Oui, mais si les 255 millions d'excédent sont bien confirmés par le Rapport Margaine, les 188 millions d'insuffisance deviennent 294. Au lieu d'un Excédent sexennal de 67 millions de roubles, nous découvrons un Déficit sexennal de 39 millions !

Et maint passage du *Marché Financier*, contresigné par l'Attaché Financier de Russie, faisant foi aux yeux de la Presse française éblouis par le Correspondant de l'Institut — ou fermés par le dispensateur des largesses lyonnaises — maint paragraphe éclate aujourd'hui dans son cynisme déformateur.

Année 1899, page 368.

« La brillante réalisation du budget en 1898, c'est-à-dire même dans une année de disette partielle, tient, non pas seulement à la modération avec laquelle il fut établi, mais aussi à ce fait que la Russie a cessé d'être un pays exclusivement agricole et que les progrès de sa richesse, qui se reflètent dans ses budgets, peuvent se produire même dans des années malheureuses pour la production agricole. »

Or, cette « brillante réalisation », nous la connaissons, maintenant, par le Rapport Margaine — 1898 : 99.538.752 roubles d'insuffisance!

Le Public français ne pouvait, de 1889 à 1914, connaître les chiffres que M. Margaine, en 1919, eut tant de peine à se faire avouer par le Ministère des Affaires Etrangères. La Presse française, ou les ignorait, ou les cachait.

Mais le Crédit Lyonnais ? S'il soutient qu'il les

ignorait lui-même, aveu d'impéritie. S'il admet que son
Service des Etudes Financières servait à quelque chose,
et possédait ces chiffres qui traînaient dans toutes les
Chancelleries, aveu de duplicité — et de complicité.

Le Crédit Lyonnais n'avouera rien du tout : il paiera
la Presse une fois de plus, et nul journal, l'*Humanité*
en tête, ne reproduira aucune de ces preuves rétrospec-
tives.

Car depuis huit mois l'*Humanité* s'est bien gardée
de publier son Procès contre le *Matin* et de réunir en
volume — comme elle l'avait promis — ses horrificques
révélations sur « l'abominable vénalité de la Presse française ». Tout cela, tout le fragment de cela, dort sous la
poudre de numéros quotidiens que bien peu de lecteurs
auront collectionnés. Le Crédit Lyonnais, son magni-
fique baron présidentiel, le noble d'Empire (français,
mais il méritait d'être russe) Brincard aura fait les
sacrifices nécessaires.

A l'indignation — si vite apaisée — de l'Internationale Rouge, je veux pourtant fournir de nouvelles
preuves contre « l'abominable Duplicité de l'Internationale Dorée » et d'abord de la Finance Française.

Une « Humanité » déjà inhumaine

J'ai résumé, dans ma première conférence, les atta-
ches financières de Jaurès et de son journal. L'accès de
vertu qui finit par l'émanciper — en apparence — de
l'argent juif eut au moins un avantage que nous pou-
vons apprécier quinze ans plus tard. En rompant ses

liens visibles avec la Finance, l'*Humanité* s'offrit l'agrément d'une campagne contre les agissements dès lors les plus nuisibles de cette Finance. Ce fut donc la campagne contre les Emprunts Russes. Elle ne dura d'ailleurs qu'un temps assez court. Mais elle laissa des traces qui vont aujourd'hui nous éclairer sur le rôle du Crédit Lyonnais, et surtout sa prétention à n'avoir pu connaître au moment voulu l'exacte situation de la Russie.

Le 1ᵉʳ janvier 1909, l'*Humanité* proclamait sa rupture avec la Finance.

« Dans sa dernière séance, tout en rendant hommage à la correction de celui qui fut à l'*Humanité* le titulaire de la publicité financière, tout en sachant bien qu'en aucune occasion la politique de l'*Humanité* ne pouvait y être engagée, le Conseil d'administration a décidé la suppression compète de tout Bulletin Financier à partir du 1ᵉʳ janvier 1909.

Ils (les lecteurs) verront alors quelle importance nous attachons à cette nouveauté, qui fera de l'*Humanité* un journal unique pour longtemps sans doute dans la presse quotidienne de notre pays. »

Et M. Rouanet commençait une série d'articles sur l'alliance financière de la France et de la Russie.

J'ai montré dans ma brochure *Joseph Caillaux, Manieur d'Argent, naguère et bientôt*, la connaissance approfondie, la clairvoyance aiguë, le courage évident que M. Rouanet apporta comme parlementaire à cette cause. Ces qualités n'animèrent pas moins son intervention comme journaliste.

Il ne fut guère tendre sur ce terrain pour M. Joseph

Caillaux, alors Ministre des Finances. Si l'Amnistié redevient le Maître du Trésor Français, le Chef du Crédit de la Nation, il fera bien, à la Chambre, de ne pas trop regarder MM. Renaudel et Hébès quand ces Députés lui voteront bruyamment leur confiance. Ces deux augures pourraient-ils, en pensant à leur *Humanité* de 1909, considérer leur nouvelle idole sans rire de concert avec elle?

Mais j'écarte ici la personnalité de M. Caillaux, que je sais ne pas fourrer partout — il suffit à cette pratique — et je parcours les articles du journal alors socialiste pour y relever cela seul qui concerne la Finance franco-russe.

19 janvier 1909. *L'Escroquerie tsariste. Les Banques Françaises complices. La Presse silencieuse.*

Il s'agit de l'Emprunt qui va s'ouvrir, 1.400 millions, dont la France se voit « attribuer » la presque totalité, 1.200 millions.

Les obligations de 500 francs doivent être offertes à 446. La Russie, tous frais envisagés, perd 17 o/o du montant global, 238 millions. Elle subira une usure énorme au bénéfice des Banques émettrices. Or, la banqueroute de la Russie est certaine.

Et l'*Humanité* dénonce expressément le procédé tsariste, les *faux excédents budgétaires.* « Truc excellent en usage depuis Alexandre Ier. C'est dans l'établissement de faux excédents budgétaires que triomphe surtout la puissance d'escroquerie du gouvernement russe.

Il a imaginé de dresser chaque année deux budgets : le budget ordinaire et le budget extraordinaire.

Le premier est à peu près sincère. Mais l'extraordinaire !

Là, c'est la gabegie, le vol éhonté, le pillage cynique... 800 milions de francs chaque année qui échappent à tout contrôle... »

Et l'*Humanité* élargit le débat. « Les souscripteurs ne sont dignes d'aucune pitié. Ils soutiennent l'épouvantable tyrannie qui pèse sur la Russie... Si les emprunts russes étaient des opérations honnêtes et avouables, pourquoi la haute banque abandonnerait-elle des millions sur son fabuleux courtage pour acheter l'universel silence des journaux ? »

20 janvier 1909. *L'Escroquerie tsariste. Le gouffre du déficit. A jet continu, les souscripteurs français jettent inutilement leurs milliards vers la banqueroute.*

Alors apparaît un tableau de la Dette Publique Russe. Augmentation de 8 milliards en sept ans. En 1902 : 17 milliards et demi. En 1909 : 25 milliards. Déficit propre à l'année 1909 : 304 millions.

Arrêtons-nous un instant sur ce dernier chiffre. Ainsi, le mensonge du *Marché Financier* n'attendait pas l'année 1919 ni le Rapport Margaine pour être dévoilé en France.

Le Service des Etudes Financières du Crédit Lyonnais ne lisait donc pas l'*Humanité*, organe d'un parti déjà puissant?

Et cet organe fixait sans ambages l'avenir de l'aventure :

« La fortune de la France y passera tout entière, car elle n'aperçoit pas qu'en souscrivant à ces emprunts à jet continu, c'est elle-même qui se paye à elle-même l'intérêt de son capital disparu.

Telle est la belle opération que veut nous faire la Haute Banque !

Peut-être après tout vaut-il mieux que nos grands établissements de crédit touchent d'énormes courtages dans ces opérations. Tout ne disparaît pas ainsi, et comme les Français volés et ruinés ne pourront s'attaquer à la Russie, ils sauront du moins dans quelles caisses voisines gisent une partie des millions qu'on leur a escroqués. »

22 janvier 1909. *L'Escroquerie Tsariste. Le Krach inévitable. L'avertissement suprême du Parti Socialiste. Aujourd'hui, Emprunt., gros courtage. Demain ?*

« Si la haute banque s'est chargée de l'émission, si le Crédit Lyonnais s'en est fait l'agent principal, il reste encore à en faire le placement au public, et il circule sous le manteau que cette opération risque de ne pas aller toute seule. Cela se conçoit. »

Le caractère véritable était ainsi démasqué de ce nouvel et sempiternel Emprunt. Lorsque le Baron du Marais, Directeur Général du Crédit Lyonnais, voulut plus tard, en 1919, m'éblouïr avec le patriotisme rétrospectif de sa Maison, qui, en 1909, assurait par la souscription de 1.200 millions nouveaux et sempiternels le paiement en France du coupon que la Russie refusait d'acquitter pour les emprunts antérieurs, je pus répondre tranquillement au Baron : « N'était-ce pas ce qu'en argot financier on appelle de la cavalerie ? »

Car le Trésor russe, à peine rempli par le bas de laine de Jacques Bonhomme, le Trésor du noble Ami et Allié était sitôt à sec. L'*Humanité*, dans cet article du 20 janvier 1909, le montrait avec une implacable netteté. « En 1906, avait eu lieu le grand Emprunt de Liquidation. Le lendemain même, le Trésor russe était vide. »

Le Crédit Lyonnais a-t-il ignoré toutes ces affirmations de M. Rouanet, dans le journal du Parti Socialiste, à la Tribune de la Chambre, au nom de l'Opposition Révolutionnaire ? Malgré sa défaite du 22 janvier 1909 à la Chambre et le rejet de sa motion sur «. les précautions » à prendre par le Gouvernement « pour assurer nos intérêts nationaux avant d'autoriser en France l'émission de valeurs d'Etat étrangères », rejet auquel M. Caillaux contribua si fortement, M. Rouanet persista et reprit la plume du journaliste.

26 janvier 1909. *Le Péril Russe.*

2 mars 1909. *Nous voulons savoir.* « C'est à cette puissance de proie et de rapine que nous sommes liés... ».

9 avril 1909. Ici, l'attaque devient directe contre le Crédit Lyonnais. Sous le titre : *Une séance scandaleuse,* M. Rouanet montre comment M. Léopold Faure « secrétaire général de la Chambre syndicale des Employés de Banque et de Bourse » n'a pu, quoiqu'actionnaire valablement inscrit à l'Assemblée générale de Lyon, y prendre la parole.

Mais l'*Humanité* semble dès lors, à cette campagne, éprouver quelque lassitude. Je trouve bien, le 12 mai 1909, un article, *La Police Russe à Paris,* signé Nikido — le 31 mai 1909, des « révélations » (déjà !) sur le Bulletin Financier des grands journaux, signées Trois Etoiles. — le 29 juin 1909, le Rapport de l'Administrateur-Délégué à l'Assemblée générale des Actionnaires de l'*Humanité*. Il affirme que le Bulletin financier auquel son journal a renoncé avait, en 1908, rapporté 18.000 francs. Le sacrifice si bruyant de Jaurès, de Renaudel, d'Héliès n'était pas terrible. Un sourire des Rothschild suffisait à consoler. Coïncidence ! L'abominable vénalité de la Finance française n'apparaît plus dans l'organe du Parti Socialiste — ni dans ses proclamations. Le 12 février 1909, l'*Humanité* publie l'Appel aux Travailleurs pour les Elections Législatives. Et ce programme de la S.F.I.O. (Section Française de l'Internationale Ouvrière) ne contient *rien* sur la Russie, *rien* sur la Finance franco-russe.

Mais je n'ai point comme objet ici l'Histoire du Parti Socialiste. Ce que j'établis est tout autre : les avertissements donnés à la Finance française au temps même où son avide cynisme mettait en péril l'Epargne française dans les Emprunts russes.

Exigez-vous une suprème impartialité ? Persistez-vous à penser que le Crédit Lyonnais put ignorer ces choses et ces avertissements, que son Service des Etudes Financières avait des oreilles pour ne pas entendre les débats du Parlement français, des yeux pour ne pas lire les articles de la Presse française?

Aux Accusés du Boulevard des Italiens vous étendez le bénéfice du doute jusqu'à la surdité, jusqu'à la cécité ?

Et si je vous prouve que ces débats ont été transportés, ces avertissements proférés, ces choses dévoilées en plein Crédit Lyonnais ?

Une Assemblée Révélatrice

La preuve est simple. Je n'ai qu'à reproduire la discussion engagée à l'Assemblée du 19 mars 1910 et que publia la revue *Les Assemblées Générales* de cette année-là, pages 510-515.

Le Président était M. Béthenod. Il eut à son Rapport des passages d'une brièveté exquise, et qu'il relira sans aucun doute avec un doux plaisir, une agréable fierté.

« En Russie, bien que la situation générale du pays se présente favorablement, les profits des Agences ont été atteints par la grande abondance des ressources, qui a exercé son influence sur le rendement des affaires. »

Français, écoutez cette auguste voix de la Finance. Sous le Tsarisme, la Russie était trop riche ! Et l'allégresse lyonnaise débordait du cœur présidentiel quand le Distributeur de l'Argent français hors de France résumait son œuvre :

« Enfin, la situation d'une nation créancière du Monde entier n'est-elle généralement pas considérée comme enviable ? »

Que l'on est fier d'être Français quand on regarde la colonne des sommes placées hors de France par l'Epargne française, sous l'impulsion du Crédit Lyonnais ! Malheureusement, il est plus facile, du Mexique à la Russie, de compter ces sommes que de les rapatrier.

Critique aisée, objectez-vous ? Il y a quinze ans, qui donc n'avait confiance ?

Eh ! bien, non ! A l'assemblée du Lyonnais se produisit un fait extraordinaire. Si l'ensemble des Actionnaires bêla comme d'usage, en cadence, sous la houlette de M. Béthenod, un bélier chercha par ses coups de corne à réveiller le troupeau. Le discours de cet actionnaire, M. Dulieu, fut reproduit par la revue *Les Assemblées Générales*. C'est là que je l'ai trouvé : je ne crois pas que le Crédit Lyonnais l'ait tiré en plaquette, ni distribué à la Presse.

Pesez bien tout cet exposé — pesez plus encore l'audacieuse interruption du Président.

« *M. Dulieu.* — Permettez-moi maintenant de vous soumettre quelques considérations sur les emprunts auxquels nous participons. Je serais heureux que le Conseil tâche, autant que possible, dans la conclusion des emprunts étrangers, de ne pas froisser les vues de notre gouvernement *(Rires)* et s'emploie toujours à obtenir quelques avantages à notre commerce et à notre industrie. Il m'a été pénible de constater à plusieurs reprises qu'en même temps que nous consentions un emprunt à telle ou telle puissance, cette même puissance passait des commandes de plusieurs millions à l'industrie allemande, alors qu'il aurait suffi d'un peu d'insistance pour ménager à notre pays ces commandes.

Le Président. — Nous ne faisons jamais un emprunt sans être d'accord avec le Ministre des Finances et le Ministre des Affaires Etrangères. *(Applaudissements.)*

M. Dulieu. — La Russie à laquelle nous avons prêté plus de 15 milliards *(Cris : Assez ! Assez !)* Il est très curieux que tout à l'heure, pour la lecture des rapports, on ait fait silence, et, pour moi, il n'y a pas moyen de parler. (*Cris : Finissez !*)

La Russie à laquelle nous avons prêté plus de 15 milliards fait subir à nos produits un tarif douanier monstreux et ne donne pas à nos industries le dixième des commandes qu'elle donne à l'Allemagne ; d'ailleurs, en ce qui concerne cette dernière puissance, je serais heureux de voir notre établissement se tenir dans une certaine réserve et s'abstenir jusqu'à nouvel ordre de se mettre en avant pour les emprunts futurs.

La situation financière actuelle de la Russie est telle qu'il vaudrait bien mieux laisser à d'autres établissements de crédit une responsabilité qui est déjà malheureusement par trop grande pour nous. Je ne tiens nullement à peindre les choses en noir ni à vous influencer par des articles plus ou moins pessimistes, je me bornerai à vous citer quelques parties du discours prononcé à Saint-Péterbourg, au Conseil de l'Empire, par le seul homme d'Etat qu'ait la Russie, le comte Witte, discours prononcé le lendemain même de la conclusion du dernier emprunt, c'est-à-dire il y a à peine un an, et qui est resté inconnu en France, les quelques organes indépendants ayant préféré, dans un but charitable, ne pas le publier par pitié pour les innombrables détenteurs de fonds russes.

Le Président. — Je vous ferai remarquer que vous êtes mal renseigné.

M. Dulieu. — L'éminent homme d'Etat que vous ne sauriez accuser de vouloir dénigrer les résultats de sa propre œuvre avoue que, pendant les onze années qu'il a été Ministre des Finances, le budget s'est soldé d'un déficit de 3 milliards qu'on a essayé de masquer sous le nom de dépenses extraordinaires, alors qu'au contraire il s'agissait de dépenses tout ce qu'il y a de plus ordinaires. Depuis son départ, c'est-à-dire depuis 1908, les dépenses ont augmenté de 1.130 millions, alors que les recettes n'ont augmenté que de 769 millions, soit un déficit de 360 millions environ, encore cette plus-value sur les recettes n'est-elle due qu'au monopole de l'eau-de-vie, c'est-à-dire à l'abrutissement du peuple. A l'heure actuelle, on a mis des impôts sur tout ce qui a pu sembler imposable. *(Cris : Assez !)...* Messieurs, je vais avoir terminé, je vous en prie, écoutez-moi.

Les chemins de fer, malgré les milliards engloutis, n'ont ni matériel roulant, ni matériel fixe ; l'administration intérieure n'existe autant dire pas, et la Russie est aujourd'hui aussi désarmée qu'au lendemain de ses défaites d'Extrême-Orient.

Le Président. — D'après le dernier rapport, il résulte que le budget russe se solde en excédent cette année et non en déficit, comme vous venez de le dire.

M. Dulieu. — C'est ça, c'est le budget français qui est en déficit. Résumant les sommes indispensables pour faire face aux besoins du pays, l'éminent homme d'Etat s'écrie : « Il nous faut 15 à 16 milliards pour faire face à nos besoins, et si à ce montant nous ajoutons ce qu'il faut pour la réfection de la flotte, pour l'organisation de l'instruction publique, c'est la somme colossale de 20 milliards qu'il faudrait procurer à la Russie pour la sauver de la dérive. » Ce sont les phrases textuelles du comte Witte que je vous cite, Messieurs. »

CONCLUSION

Avec ce discours de l'Actionnaire Dulieu, avec l'interruption du Président Béthenod, ma preuve est ache-'vée. Nul besoin d'un long commentaire.

La réalité russe est, dès cette époque, mise sous les yeux du Conseil autant que des Actionnaires. Le Conseil du Lyonnais étouffe la voix sincère, la voix amicale (car M. Dulieu, étant Actionnaire, est un Associé). Le Conseil marche résolument vers le mensonge.

Me faut-il justifier ce mot brutal, mais nécessaire ? Et cette riposte de M. Béthenod à M. Dulieu ? « D'après le dernier rapport, il résulte que le budget se solde en excédent cette année et non en déficit, comme vous venez de le dire. »

Ici, un seul mot possible : mensonge.

En mars 1910, le « dernier » budget russe ne peut être que celui de 1909. Or vous connaissez par M. Margaine (Député non pas socialiste, mais à peine radical) le véritable état du Trésor Russe pour 1909 : *Insuffisance* de 81.533.445 roubles.

Margaine révèle tardivement, en 1919 ? Eh ! d'après quels documents ? Ceux que possédait le Gouvernement français, et qui forcément étaient entre ses mains avant la chute du Tsarisme. Ces documents, le Service des Etudes Financières du Crédit Lyonnais ne les avait donc pas consultés quand son chef, M. Béthenod, traitait en 1909 l'Emprunt demandé bien plus par la France, approuvé par MM. Pichon et Caillaux pour assurer les coupons antérieurs, que sollicité par le Tsar, qui se sentait moscovitement enclin à ignorer ses dettes.

Ainsi, le Crédit Lyonnais, dans la Débâcle des Emprunts Russes, ne peut plaider l'innocence.

Il n'a qu'une alternative également meurtrière : ou l'Impéritie ou la Duplicité.

Les avertissements ne lui manquèrent point, même au milieu de ses propres Assemblées.

Si M. Brincard et ses Collègues du Conseil n'étaient pas des Riches, de redoutables Manieurs de la Puissance définitive, l'Argent, les Juges n'auraient pas tardé à leur appliquer au moins le Code Civil et ses articles 1116 et 1304 sur le Dol, en tout cas ses articles 1382 à 1384 sur la Faute, directe ou par préposés, personnelle ou fonctionnelle.

Le Crédit Lyonnais, en définitive, aura fait perdre à l'Epargne Française, dans les Emissions et les Emprunts de Russie, 18 milliards de francs.

M. le Baron Brincard et ses Collègues n'ont guère à craindre de la Justice, même Civile.

Mais qu'ils portent un peu moins haut leur noblesse de pacotille, leur patriotisme de malversation et de falsification.

Maloja (Engadine), ce 15 janvier 1925

LES RESPONSABLES

Je n'ai pas la place — ici — pour examiner les questions multiples et délicates que pose *en droit* la faute civile du Crédit Lyonnais et de ses Administrateurs — faute dont ils sont responsables, les actuels sur leurs biens propres autant que sur les fonds de leur Société, les disparus par voie d'action héréditaire. Mais je crois utile de reproduire la liste du Conseil d'Administration, telle que la donne l'Annuaire Chaix pour le présent exercice (année 1924, page 198) et je mets en italiques les noms de ceux qui siègent depuis plus de vingt-cinq ans, et eurent donc une connivence personnelle dans le lancement des Emprunts Russes.

CONSEIL D'ADMINISTRATION

MM. :

BETHENOD (Emile), av. de Messine, 6, président honoraire.
BRINCARD (baron G.), rue du Faub.-St-Honoré, 89, président.
FABRE-LUCE (Edmond), av. du Bois-de-Boulogne, 56, vice-président
ROSSELLI (James), av. de Messine, 15.
MADINIER (A.), 61, rue Chazière, Lyon.
TRÉGOMAIN (R. de), place Malesherbes, 24.
PLATET (Paul), place Carnot, 15, Lyon.
SCHNEIDER (Eug.), cours Albert-Ier, 34.
LEHIDEUX (Roger), av. Ch.-Elysées, 114.
BROUTY (Alfred), rue Moncey, 1.

COMMISSAIRES

VAUTIER (Théodore), quai Jules-Courmont, 12, Lyon.
FORQUENOT DE LA FORTELLE (Louis), rue de Monceau, 66.
GRÉTRY (P. de), rue Clément-Marot, 10.
ROSSET (A.), rue Auguste-Comte, 4, Lyon.

Enfin l'on pourrait envisager la responsabilité particulière à l'Agent de Publicité du Crédit Lyonnais, M. Gustave Batiau, qui fut l'émule d'Arthur Raffalovich dans ses procédés pour « éclairer » la Presse Française sur les Emprunts Russes, et l'amener à faire l'ombre.

Liste des Ouvrages de Mᵉ Jacques Bonzon

1. *Cent ans de Lutte Sociale. La Législation de l'Enfance.* 1789-1893. Guillaumin, Paris, 1893. — 2ᵉ édition, 1789-1898, honorée d'une souscription du Ministère de la Justice, et adoptée par le Ministère de l'Instruction Publique. Guillaumin, 1899.

2. *Le Crime et l'Ecole.* Paris, Guillaumin, 1896.

3. *La Corporation des Maîtres-Ecrivains et l'Expertise en écriture sous l'ancien régime.* Avec une préface de M. Ferdinand Buisson. Paris, Giard et Brière, 1899.

4. *Criminels, Suicidés et Buveurs.* Aberlen, à Vals-les-Bains, 1899.

5. *La Vente d'une Congrégation sous Louis XV. La suppression des Jésuites.* Aberlen, 1901.

6. *La Méthode du Féminisme.* Aberlen, 1902.

7. *Le Droit Pénal et la Morale.* Bulletin des Associations Chrétiennes d'Etudiants, nᵒ du 15 juin 1903. Aberlen, 1903.

8. *La Bienfaisance privée et la surveillance de l'Etat.* Aberlen, 1904.

9. *Les Clubs de Femmes sous la Révolution.* Avec un discours de Mme Vincent. Aberlen, 1904.

10. *La Recherche de la Paternité.* Avec une préface de Mme d'Abbadie d'Arrast. Aberlen, 1904.

11. *La Réforme du Barreau.* Paris, Edition des « Echos Parisiens ». 1905.

12. *L'Affaire Hervé. L'Avocat et la Liberté d'Opinion.* Aberlen, 1905.

13. *La Lutte Sociale dans le Prétoire.* Plaidoyers. La lutte religieuse. La lutte révolutionnaire. La lutte syndicaliste (1906-1910). — Variétés. Souvenirs de Combat (1893-1911). Paris, Edition de « La Liberté d'Opinion », 1911.

14. *Magistrature et Parlement.* Plaidoirie. Edition de « La Liberté d'Opinion », 1911.

15. *Faut-il un nouveau Concordat ?* Questionnaire, réponses et conclusion. Paris, 1913.

16. *La Liberté d'Opinion,* 1907 à 1914.

17. *Le Brûlement de Senlis.* Plaidoirie. Edition de « La Liberté d'Opinion ». 1915.

18. *L'Intimité Française et la Censure.* Plaidoirie, suivie d'une étude sur le moyen de combattre les illégalités de la Censure. Paris, 1915.

19. *L'Affaire Geissler. La Vraie Haine.* Plaidoirie. Paris, 1916.

20. *Le Carnaval Austro-Allemand.* Plaidoirie contre la maison Drecoll, 1917.

21. *L'Ile des Chats-Fourrés.* Edition de « La Liberté d'Opinion ». Paris, 1917.

22. *La Débâcle des Placements Russes.* Paris, Figuière, 1919.

23. *L'Etau. Le Livre d'Or des Politiciens de Finance.* Paris, 1920.

24. *Comment éclatera la Banqueroute ? Par les Banques ou par l'Etat ?* Conférence donnée le 5 février 1921 au *Club.* Paris, 1921.

25. *L'Ascension du Traitant.* Du Surintendant Nicolas Fouquet à l'Ambassadeur Charles Laurent. Paris, 1921.

26. *L'Internationale Financière.* I. L'Europe (Paris, 1922) ; II. L'Asie (Paris, 1923).

27. *La Galerie Politique et Financière.* I. Du Cuir des Actionnaires large Courroie..., La Société Centrale des Banques de Province, la Banque Privée et la Compagnie d'Electricité Industrielle, Les largesses de MM. Charles Dumont, Gallut et Bonnasse. Cinquante-deux millions de crédit. Un extrait du Rapport des Experts Pons, Vial et Cruchon (Paris, 1923).

28. *La Galerie Politique et Financière.* II. Les Emprunts Russes et les « Révélations » du Journal l'*Humanité* (Paris, 1924).

29. *La Galerie Politique et Financière.* III. Les Emprunts Russes et les Rothschild (Paris, 1924).

30. *La Galerie Politique et Financière.* IV. Joseph Caillaux Manieur d'Argent, Naguère et Bientôt (Paris, 1924).

31. *La Galerie Politique et Financière.* V. Mœurs de Traitants. Paul Boyer, Président du Comptoir National d'Escompte (Paris, 1924).

IMPRIMERIES PARISIENNES REUNIES
(*Presse Française.* — R. PANON. Imp.)
10, Rue du Faubourg-Montmartre, Paris.

9 782329 080536